Construction Definitions and Meanings in English and Spanish

English-Spanish Construction Glossary

José Luis Leyva

Copyright © 2018 José Luis Leyva

All rights reserved – Derechos reservados

Idea Editorial – www.ideaeditorial.com

Series: Essential Technical Terminology

ISBN: 1720666962
ISBN-13: 978-1720666967

PREFACE

The purpose of this book is not only to serve as an English-Spanish reference book to look up a term when needed, but also as a guide to learn the most frequently used construction terms. Learn just a few terms every day, and soon you will be acquainted with the most common construction terminology in English and Spanish.

PREFACIO

El propósito de esta publicación --aparte de servir como obra de referencia donde se puedan consultar términos de la construcción cuando sea necesario- es poner al alcance del lector una sencilla guía con la que pueda familiarizarse con los términos de la construcción que más frecuentemente se utilizan. Si se aprenden tres o cuatro términos cada día, en poco tiempo aprenderá los términos de la construcción más comúnmente utilizados en inglés y español.

ENGLISH-SPANISH
INGLÉS-ESPAÑOL

A

abatement, remoción de riesgo
abrasive, abrasivo
abrasive wheel and tool, piedra de esmeril y herramienta abrasiva
abut, unir/ensamblar
abutment, estribo/soporte
abutting joint, junta a tope
acceleration, aceleración
accelerator, acelerador
accordion doors, puertas plegadizas
acetylene, acetileno
acoustic impedance, impedancia acústica
acoustic reactance, reactancia acústica
acoustical board, panel acústico
acoustical ceiling coating, recubrimiento de cielorraso acústico

acoustical material, material acústico

adhesive, adhesivo

adjustable bolt inserts, acoplamientos de pernos ajustables

adjustable wrench, llave ajustable

administrative controls, controles administrativos

admixture, aditivo

adobe, adobe

aerated concrete, concreto aireado

aerial bucket, canasto aéreo

aerial lift, canasta elevada

aerial lift truck, canasta elevada motorizada

agate, ágata

aggregate, áridos

air arc-gouging equipment, equipo de aire para corte con arco

air brick, ladrillo hueco

air compressor, compresor de aire

air dried lumber, madera secada al aire

air ejector, inyector de aire

air gun, pistola de aire

air jacketed melter, fundidor con camisa de aire

air line respirator, respirador con línea de aire

air lock, bloqueo por aire

air source heat pump, bomba de calor con aire como fuente caliente

Construction Definitions and Meanings in English and Spanish

air storage receiver with alarm, tanque recipiente de aire con alarma

air tight, hermético

air tightness, hermeticidad

airborne, suspendido en el aire

airbrush, aerógrafo

air-entrained concrete, concreto celular

air-purifying full facepiece respirator, respirador con máscara completa purificadora de aire

air-purifying half-mask respirator, respirador con mascarilla purificadora del aire

air-purifying mouthpiece respirator, respirador con boquilla purificadora de aire

alive, vivo

Allen screw, tornillo Allen

alloy steel chain, cadena de aleación de acero

aluminum, aluminio

aluminum foil insulation, aluminio para aislamiento

aluminum frame, marco de aluminio

American National Standards Institute (ANSI), Instituto Americano de Normas Nacionales

anchor, anclaje

anchor blocks, macizos de anclaje

anchor bolts, pernos de anclaje

anchor plates, placa de anclaje

anchorage, anclaje

anchorage member, pieza de anclaje
angle grinder, pulidora angular
angle iron, angular
angle of repose, ángulo de reposo
anhydrous lime, cal anhidra
annealed wire, alambre recocido
apartments, apartamentos
arc cutting, corte por arco eléctrico
arc welding, soldadura por arco eléctrico
arch, arco
arch brick, ladrillo abovedado
architecture, arquitectura
armored cable, cable armado
armored wood, madera armada
artificial marble, mármol artificial
asbestine, asbestina
asbestos, asbesto
asbestos containing material, material que contiene asbesto
asbestos lumber, amianto prensado
ash, ceniza
asphalt, asfalto
assemble, armar
assured equipment grounding conductor program, programa para asegurar la conexión a tierra del equipo

Construction Definitions and Meanings in English and Spanish

attaching ground, conexión a tierra

auger, barrena

automatic time switch, apagador / interruptor automático

axe, hacha

B

back butter, método de fijación con mortero
back splash, salpicadero
backdrag, aplanar
backfilled excavation, excavación rellenada
backhoe, pala retro-excavadora
backing brick, ladrillo de relleno
backing rod, varilla de soporte
backnailing, clavar por el revés
backnut, contratuerca
backstress, contrapeso
balcony, balcón
bank, terraplén
bar, barra
bar handle, empuñadura de barra

Construction Definitions and Meanings in English and Spanish

bare conductor, alambre eléctrico sin aislamiento

barricade, barrera

barrier, barrera

base coat, capa base

base plate, placa de soporte

baseboard, zoclo

basket, canasta

basket stretcher, camilla de canasta

battery, batería

beaded joint, junta achaflanada

beam hanger, estribo de viga

beam/girder, viga

bearer, soporte

bearing plate, placa de asiento (vigas)

belt conveyor, banda transportadora

bend, doblar

bent bar, barra curva

bevel washer, rondana / arandela achaflanada

bi-directional machine, maquina con movimiento en dos direcciones

blasting, detonación

blown joint, junta soldada con soplete

blueprints, planos

boatswain's chair scaffold, andamio de silla mecedora

body belt, cinturón de seguridad

boiled oil, aceite de linaza cocido

boiler, caldera

bolting, empernado

bonding jumper, puente eléctrico

boom, puntal

bottom rail, cabio bajo

box frame, bastidor de cajón

brace, abrazadera

bracing, reforzamiento

bracket, soporte

bracketing, armadura interior de una cornisa

braided rope, soga trenzada

branch circuit, circuito ramal

branch line, línea de distribución

brass, latón

brick, ladrillo / tabique

bricklayers' square scaffold, andamio con base cuadrada para albañil

bridging joist, jácena

bridle sling, brida

brittle fracture, fractura por fragilidad

bronze, bronce

brownstone, arenisca ferruginosa

Construction Definitions and Meanings in English and Spanish

brush, cepillo

brushed cement, cemento escobillado

bucket, cubeta

buckle, hebilla

buffed/smoothed cement, cemento pulido

builder's acid, acido para limpiar ladrillos

builder's staging, andamiaje pesado

building, edificio

building block, bloque

building brick, ladrillo de construcción

building permit, permiso de construcción

building stone, piedra de construcción

bulk sample, muestra gruesa

bulkhead, mampara

bull float, aplanadora de concreto

bull header, ladrillo aplantillado

bull wire, alambre para jalar

bulldozer, tractor con pala mecánica

bumper, parachoques/defensa

buoyant vest, chaleco salvavidas

burglar alarm, alarma contra ladrones

bursting safety factor, factor de seguridad para estallido

bus bar, barra colectora

butt, cabo de mecha

butt hinge, bisagra plana

butt joint, junta recta

C

cab window, ventana de cabina

cabinet, gabinete

cabinet work, ebanistería

cable, cable

cable attachments, cables de enganche

cage, jaula

caisson, cámara de aire comprimido

calcium carbonate, carbonato cálcico

calcium chloride, cloruro cálcico

caliduct, caliducto

canister, filtro

canopy, capota

cant brick, ladrillo con bisel

cantilever, viga en voladizo

cantilever joists, viguetas voladizas

cantilever type personnel hoist, montacargas voladizo para trabajadores

cantilevered, voladizo

capital cost, costo de capital

capping brick, ladrillo de coronación

car arresting device, dispositivo inmovilizador del carro

carbon-arc welding, soldadura por arco con electrodos de carbón

carpenter, carpintero

carpenters' bracket scaffold, andamio de palometa de carpintero

carpet strip, felpudo de puerta

cartridge fuse, fusible de cartucho

case, bastidor

casing, marco

cast iron, hierro fundido

catch, pestillo

catch platform, plataforma de detención

caterpillar, tractor de oruga

cathedral, catedral

caught-in, atrapado

caulking, calafeteado

caulking compound, masilla de calafatear

caustic, sustancia cáustica

cave-in, derrumbe/desprendimiento

Construction Definitions and Meanings in English and Spanish

ceiling, cielo
ceiling beam, viga del plafón
ceiling joists, viguetas de techo
ceiling light, lámpara de techo
ceiling panel, plafón
ceiling tiles, paneles de techo
ceiling worker, trabajador de plafón
cement, cemento
cement paste, pasta de cemento
chain, cadena
chain saw, sierra de cadena
chain sprocket, rueda dentada de cadena
chain tongs, llave de cadena
check list, hoja de comprobación
chemical, químico
chicken ladder, tablón con listones
chimney blocks, bloques para conducción de humos
chimney cap, caperuza
church, iglesia
chute, conducto
cinder block, bloque de cenizas
cinder concrete, concreto de cenizas
circuit breaker, interruptor de circuito
circular saw, sierra circular

city block, cuadra

clamping plate, junta de conexión

clay, arcilla

clay shale, arcilla esquistosa

cleanout, registro

clear safety lens, lente de seguridad transparente

clearance, margen

clearance distance, margen de seguridad

cleat, peldaño

cleat wiring, grapas para tendido de cable

closure, cierre

cluster lamp, lámpara de brazos

coarse aggregate, gravilla

cob, ladrillo crudo

cockpit, cabina

cofferdam, dique provisional

cold joint, junta de trabajo

cold weather concreting, concretado en tiempo frío

cold-drawn steel, acero estirado en frío

collecting system, sistema colector

colonnade, columnata

colored tile, azulejo

column, columna

column anchorage, anclajes de pilares

Construction Definitions and Meanings in English and Spanish

compressed air chamber, cámara de aire comprimido

compression bars, barras de compresión

compressor, compresor

compressor plant, planta compresora

concrete, concreto/hormigón

concrete breaker, martillo rompe-concreto

concrete bucket, cubeta para concreto

concrete buggy, carrito para cargar concreto

concrete form, molde para concreto

concrete mixer, mezcladora para concreto

concrete saw, sierra para concreto

concrete vibrator, vibrador para concreto

condominium, condominio

conductive bucket, cubeta conductora de electricidad

conductive clothing, vestimenta conductora de electricidad

conductive ladder, escalera conductora de electricidad

conduit box / pull box, caja de derivación

conduit bushing, manguito de conducto

confined space, espacio confinado

connector, conector

constant pressure switch, interruptor de presión constante

construction site, obra

construction waste, residuos de derribo de la construcción

control panel, panel de control

controlled access zone, zona de acceso controlado

controlled decking zone, zona controlada durante instalación de cubierta

convector radiator, radiador por convección

conveyor, transportador

conveyor belt, banda transportadora

coolant, fluido refrigerante

coping brick, ladrillo de albardilla

coping frame, armazón de sierra caladora

copper, cobre

copper clout nail, tacha de cobre

copper plating, cobreado galvánico

cord and plug, cordón y enchufe

cord-to-cord connection, conexión de cordón a cordón

cork tiles, losetas de corcho

corner angle, ángulo

corner boards, angulares de madera

cornerstone beam, castillo

corrugated iron, hierro ondulado / placa ondulada

corrugated iron fastener, afianzador de acero corrugado

corrugated material, material ondulado

corrugated material, material corrugado

corrugated metal, metal corrugado

coulisse, madera acanalada

Construction Definitions and Meanings in English and Spanish

counter, cubierta

coupled cylinder, cilindro acoplado

coupler, acoplador

coupling pin, pasador de acoplamiento

cover plate, platabanda

covered joint, junta a media madera

crack, grieta

cradle, cuna

crane, grúa

crawler dozer, tractor de orugas

crawler tractor, tractor de oruga

creosote, creosota

cribbed, acunado

cross beam, viga transversal

cross brace, cruceta

cross bracing, reforzamiento transversal

cross-connection, interconexión

cross-grain, grano transversal

current-carrying part, parte conductora de corriente

curtain, cortina

cushion head, falso pilote

cutter, cortador

cylinder, cilindro

cylinder ring, rondana / arandela para cerradura de husillo

cylinder valve, válvula del cilindro

D

dead bolt, cerrojo muerto
dead-end point, terminal de línea eléctrica
dead-man switch, interruptor de contacto continuo
decibel, decibel
deck, plataforma
deck paint, pintura para cubiertas
deck roof, azotea
decking, cubierta
decontamination, descontaminación
decorator scaffold, andamio para decorador
de-energized, sin energía
de-energized conductor, conductor sin energía
deformed bar, barra deforme
demolition, demolición

demolition ball, bola de demolición
dentil band, moldura denticulada
desk, escritorio
detonating cord, cordón detonador
diagonal bracing, refuerzo diagonal
dig, excavar
disconnect switch, interruptor
dish sink, fregadero
disposal, eliminación
ditch digger, zanjadora
door, puerta
door frame, marco de la puerta
door pull, tirador de puerta
door stop, tope de puerta
door switch, apagador / interruptor de puerta
doorknob, perilla
doorplate, placa para puerta
dope, material absorbente
double cleat ladder, escalera doble de peldaños
double hung window, ventana de guillotina doble
double plate, chapa de refuerzo
double trimmer, doble viga
dowel, clavija de alineamiento
down leg, tramo descendente

Construction Definitions and Meanings in English and Spanish

down lighting, iluminación con reflectores de luz directa

downspout, bajante pluvial

downstream filter, filtro de salida

drafting instructions, anteproyecto

drain, dren

drain down, escurrimiento

drainpipe, tubo de drenaje

drawer pull, tirador de cajón

dressed lumber, madera cepillada

drift pin, pasador ahusado

drip mold, moldura de goterón

drop siding, forrado de tablas solapadas

drop wire, acometida

drum-type hoist, izador tipo tambor

dry lumber, madera seca

drywall mud masher, amasadora para juntas

ducts, conductos

dump truck, camión de volteo

duplex cable, cable doble

duplex lock, cerrojo doble

dust, polvo

dust mask, máscara para el polvo

E

ear plugs, tapones de oídos

earth bearing structure, estructura de soporte de suelo

earth work, movimiento de tierra

earthmoving equipment, equipo para movimiento de tierra

eco-house, ecovivienda

edge forms, molduras

edge joint, junta angular

edge sub-drains, desagües laterales

effectively grounded circuit voltage, voltaje de un circuito conectado a tierra de manera efectiva

eggshell, color semi-mate

electric blasting, detonación eléctrica

electric cord, cable eléctrico

electrical shock, choque eléctrico

electrician, electricista

Construction Definitions and Meanings in English and Spanish

electricity, electricidad

electrocution, electrocución

electrode, electrodo

electrode holders, porta-electrodos

electromagnetic, electromagnético

electrostatic, electroestático

elevating work platform, plataforma de trabajo elevadiza

elevation, elevación

elevator, elevador / ascensor

emergency stop switch, interruptor para parada de emergencia

employee, empleado/obrero

enclosed fuse, fusible encerrado

enclosing-screen, malla protectora

enclosure, encerramiento

end lap joint, unión a media madera

endless sling, eslinga sin fin

end-of-life cost, costo de fin de ciclo

energy demand, demanda energética

engine, motor

engineer´s brick, ladrillo prensado

engineering controls, controles de ingeniería

entrance switch, apagador / interruptor de servicio

entryway, entrada

environment, ambiente

environmental impact, impacto ambiental
environmental performance, comportamiento ambiental
equipment, equipo
erection crane, grúa para izar
escalator, escalera mecánica
excavation, excavación
excavator, excavadora
exhaust duct, conducto de extracción
exhaust pipe, tubo de extracción
exhaust system, sistema de extracción
expand, extender
expansion joint, junta de dilatación
expansion sleeve, manguito de dilatación
expansion strip, material para junta de dilatación
exposed aggregate, concreto con árido visto
extension cord, extensión eléctrica
extension platform, plataforma de extensión
extinguisher, extintor
extra overhang, faldón
eye sling, eslinga de argolla
eye splice, empalme de argolla
eyebolt, cáncamo

F

fabricated frame scaffold, andamio de armazón tubular soldado
fabrics, tejidos
face brick, ladrillo de fachada
face conveyor, transportador de frente
face grain, laminación de piezas planas
face joint, junta de fachada
face mask, máscara
face shield, careta
face side, lado de cara
face veneer, hoja exterior/contrachapado
faced plywood, madera contrachapada revestida
faceted, biselado
faience, barro vidriado
failure, falla

fall arrest, detención de caída
fall arrest system, sistema de detención de caídas
fall hazard, riesgo de caída
fall hazard training, entrenamiento sobre riesgos de caída
fall height, altura de caída
fall protection, protección contra caídas
fall protection equipment, equipo de protección contra caídas
fall protection system, sistema de protección contra caídas
fall restraint system, sistema de prevención de caídas
falling object protection, protección contra objetos en caída
false rafter, cabio falso
fan coil units, unidades de serpentín y ventilador
fascia panel, lámina exterior del panel
faucet sink aerator, aereador para grifos de lavamanos
fault current, corriente de pérdida
fauna passage, paso para la fauna
featheredging, biselado
female plug, clavija hembra
fence line, vallado
fence run, tramo de la cerca
fiberglass, fibra de vidrio
fiberglass reinforced plastic, plástico reforzado con fibra de vidrio
field bolt, perno
field modified, modificada en el campo de trabajo

Construction Definitions and Meanings in English and Spanish

fill, relleno
fill oiled sand, arena de relleno aceitada
filler, material de relleno
filler block, bloque de relleno
filler metal, metal de relleno
fill-type insulation, aislamiento por relleno
filter pad, almohadilla filtrante
fine aggregates, árido fino
finish coat, capa de acabado
finish hardware, ferretería de acabado
finishing, acabado
finishing varnish, barniz de acabado
fire, fuego/incendio
fire alarm, alarma de incendio
fire clay, arcilla refractaria
fire extinguisher, extintor
firebrick, ladrillo refractario
first aid, primeros auxilios
fissure, grieta/fisura
fitting, accesorio
fittings, accesorios
fixed, fijo
fixed ladder, escalera fija
flagman, abanderado

flame, llama

flammable, inflamable

flammable gas, gas inflamable

flange, pestaña

flash-arresting screen, parallamas

flash-back, retroceso de la llama

flashpoint, punto de inflamación

flexible cable, cable flexible

flexible cord, conductor flexible

flexible fitting, aditamento ajustable

flexible jumper cord, cable flexible para puente eléctrico

float, flotador

float scaffold, andamio colgante

flood control, control de inundación

flood lights, lámpara de alta intensidad

floor hole, hueco en el piso

floor plug, enchufe de piso

Floor/level, planta

flooring, piso

fluorescent lighting, iluminación fluorescente

flush switch, apagador / interruptor empotrado

flux, fundente

flying, partícula volátil

foot bolt, falleba de pie

Construction Definitions and Meanings in English and Spanish

foot protection, protección para pie
foot-candles, candelas largas
footing, zapata
footing excavation, excavación para zapata
forklift, montacargas
form, molde
form oil, aceite para moldes
form scaffold, andamio de molde
formwork, moldaje
foundation, cimientos
foundation bolt, anclaje de cimentación
fountain, fuente
frame, marco
framework, armazón
framing operation, operación de ensamblaje
free fall, caída libre
fresh concrete, concreto fresco
fret, greca
front of steps, peraltes
front weights, contrapesos
front-end loader, cargador delantero
fulcrum point, punto de apoyo
fume, humo
furnishings, herrajes

furniture, mobiliario

fuse, fusible

fuse (explosive), mecha

fuse box, caja de fusibles

fuse link, fusible (elemento)

fuse strip, fusible de cinta

fuse wire, alambre para fusible

G

galvanized steel, acero galvanizado
galvanizing tank, tanque de galvanización
gantry crane, grúa de caballete
gas cutting, corte por llama oxiacetilénica
gas mask, máscara antigás
gas mask canister, filtro para máscara antigás
gas welding, soldadura por llama de gas
gasoline, gasolina
gas-shielded arc welding, soldadura por arco protegido por gas
gauge, indicador
gear, engranaje
generator, generador
gin pole, martinete
girder supports / girder posts, apoyos de viga

glass, vidrio

glass stop, junquillo para cristales

glazier's putty, masilla de cristalero

glove bag, bolsa plástica sellada para remoción

gloves, guantes

glue water, agua de cola

governor tripping speed, velocidad de disparo del regulador

grab rail, pasamano

grade figure, cota de nivel

grade line, línea de nivelación

grade trimmer, compensador de nivel

graded, clasificado

grader, niveladora

grape stake fence, cerco rústico de palos

gravel, grava

gravel pile, pilote de grava

gravity loads, cargas por gravedad

gray reservoir, depósito de aguas grises

green belt, zona verde

green lumber, madera verde

grid, rejilla

grinder, pulidora

grindstone, piedra de afilar

ground, tierra

Construction Definitions and Meanings in English and Spanish

ground fault, pérdida de tierra

ground jumper cable, cable para puente eléctrico con conexión a tierra

ground line, cable a tierra

ground resistance, resistencia a tierra

ground return, retorno a tierra

ground return cable, cable de retorno a tierra

ground support, puesto a tierra

ground water table, nivel freático

ground wire, alambre de tierra

grounded outlet/ wire, contacto aterrizado

ground-fault circuit, circuito con pérdida a tierra

ground-fault circuit interrupter, interruptor de circuito con pérdida a tierra

grounding, conexión a tierra

grounding circuit, circuito de conexión a tierra

grounding conductor, conductor de conexión a tierra

grounding electrode, electrodo de conexión a tierra

grout, lechada

guard, guarda

guarded, protegido

guardrail, barandal

guardrail system, sistema de barandas

gutter, canal

guy line, línea de retención

guying, retención de vientos

H

half mask, mascarilla
hammer, martillo
hammerhead tower crane, grúa de martillo
hand-held powered drill, taladro mecánico manual
handrail, pasamano
hanger, estribo
hanging scaffold, andamio colgante
hard hat, casco
hardboard, madera prensada
hardened concrete, concreto endurecido
hardware, accesorios metálicos
hardwood, madera dura
harmful dust, polvo nocivo
harness, arnés

harsh, concreto pobre

hat, sombrero

hatchway, escotilla

hauling, remolque

headed waxed woodscrews, tornillos de acero inoxidable para madera

header, dintel

headlight, luz delantera

heat number, capacidad térmica

heat protection regulations, reglamentaciones sobre protección térmica

heat recovery systems, sistemas de recuperación de calor

heating and cooling system, sistema de calefacción y enfriamiento

heavy, pesado

heavy duty electric cord, cordón eléctrico de uso rudo

heavyweight concrete, concreto de árido grueso

height of closing, altura de cerramiento

height of opening, altura de arranque

helicopter crane, grúa helicóptero

helmet, casco

hemispherical bearing, soporte hemisférico

hempseed oil, aceite de semilla de cáñamo

high bleed valve, válvula de purga superior

high top boots, botas de canilleras altas

Construction Definitions and Meanings in English and Spanish

high-end custom, personalizado de lujo

hinge, bisagra

hitch command, control de enganche

hoist, izador

hoist line, cable de izar

hoist rope, cuerda de izar

hoist tower, torre del montacargas

hoisting drum, tambor elevador

hole, orificio/hueco

hollow concrete block, bloque hueco de cemento

hollow core door, puerta con hueco aislante

hood, campana

hook, gancho

hopper frame, bastidor de ventanillo

horizontal directional driller, perforadora direccional horizontal

horizontal grinder, esmeriladora horizontal

horse scaffold, andamio de caballete

hose, manguera

hose coupling, conexión de manguera

hot slag, escoria caliente

hot weather concreting, concretado en tiempo caluroso

house, casa

housed brace, jabalcón empotrado

housing, empotrado

hydraulic control, control hidráulico

hydraulic fluids, líquidos hidráulicos

hydraulic jack, gato hidráulico

hydraulic tool, herramienta hidráulica

I

IDLH, inmediatamente peligroso a la vida y la salud
impact assessment, evaluación de impacto
impact loading test, prueba de caída por impacto
impact noise, ruido por impacto
impact wrench, llave de impacto
impedance, impedancia
impulsive noise, ruido interrumpido
independent pole scaffold, andamio de poste independiente
independent wire rope core, alma de cable independiente
induced voltage, voltaje inducido
inert-gas metal-arc welding, soldadura por arco metálico en gas inerte
inhalation, inhalación
inlay, incrustación
input energy, energía de entrada

insulated, aislado

insulating concrete, concreto aislante

insulation, aislamiento

insulation blanket, mantel

insulation shielding, protector del aislamiento

insulator, aislador

interior hung scaffold, andamio colgante para interiores

interior wiring, cableado interior

internal burning medium, mecanismo de combustión interna

intrinsically safe, intrínsecamente seguro

iron, hierro

isolated, aislado

J

jack, gato

jack hammer, martillo neumático

jack scaffold, andamio de palometa

jet pipe, tubo inyector

jib, brazo de grúa

jiffy mud and resin mixers, mezcladoras instantáneas de barro y resinas

jigsaw, sierra caladora

joint, junta

joint runner, junta de soldadura

joist anchor, anclaje de vigueta

joist hangers, estribos para vigueta

jumbo brick, ladrillo jumbo

jumper, cable de puente eléctrico

junction box, caja de conexión

juxtaposition, yuxtaposición

K

king closer, ladrillo de caja

knee brace, esquinero

knob, perilla

knob insulator, aislante de porcelana

knob-and-tube wiring, instalación eléctrica provisional

knuckle joint, junta de mansarda

L

label, etiqueta

labeling, etiquetado

lacquer, laca

ladder, escalera portátil

ladder jack scaffold, andamio de palometa en escalera

ladder-type platform, plataforma de escalera

lagging, forro de tablones

laminate, lamina

laminated rafter, cabio laminado

laminated wood, madera laminada

lamp, lámpara

land plane / steamroller, niveladora / aplanadora

landfill, vertedero

landing, plataforma de carga

Construction Definitions and Meanings in English and Spanish

landing platform, plataforma de descanso

landmark, punto sobresaliente

landscaping, decoración de terreno exterior

lanyard, cuerda de seguridad

large area scaffold, andamio de área grande

lath, malla metálica

lay, trenza

layout, trazo

leachate, lixiviado

lead , plomo

lead screw anchor, anclaje de tornillo de avance

lead wire, conductor principal

leads, cables conductores

leak, fuga

lean construction, construcción sin pérdida

lean-to scaffold, andamio reclinado

ledger, puente

leg, pata

level, nivel

lever, palanca

lid, tapa

life jacket, chaleco salvavidas

life saving equipment, equipo de salvamento

lifeline, cuerda de seguridad

lifesaving skiff, bote salvavidas

lift slab construction, pisos prefabricados

lift truck, montacargas

light metal type platform, plataforma de metal para trabajos livianos

lighting criteria, criterio de iluminación

lightweight construction, construcción ligera

limestone, piedra caliza

lineman, celador

linseed oil, aceite de linaza

liquefied petroleum gas, gas licuado de petróleo

live load, carga viva

live load, carga viva

live part, parte viva

living areas, áreas habitables

living room, sala de estar

load, carga

load bearing wall, muro de carga

load line, cable de carga

load plate, placa de carga

loader, cargador

local exhaust ventilation, ventilación por extracción local de aire

lock, candado/cerradura

locked magazine, depósito cerrado

Construction Definitions and Meanings in English and Spanish

locking device, dispositivo inmovilizador

locking dogs, seguros con traba

locking ring, anillo inmovilizador

lockout, bloqueo de energía usando candado

lockout/tagout, bloqueo de energía usando candado y etiqueta

log, tronco

long strip, plancha

long track crawler, oruga de bastidor largo

long welded rail, riel largo soldado

loose fill, relleno suelto

loose-fill insulation, aislamiento de relleno

looseness, holgura

low reinforced structure, estructura con bajo contenido de armaduras

lumber, madera

luxurious, lujoso

M

machine, máquina
machine bolts, pernos roscados
machine grounding, conexión a tierra de las máquinas
main beams, trabes
maintenance, mantenimiento
male plug, clavija macho
manhole, pozo de registro
manifold, múltiple/distribuidor
manifolded cylinder, cilindro ramificado
manila rope, cuerda de cáñamo
manual test, prueba manual
manually propelled mobile scaffold, andamio movible impulsado manualmente
marble, mármol
marbling, marmolado

Construction Definitions and Meanings in English and Spanish

marking, rotulación

masonry, albañilería/mampostería

masons' adjustable multiple-point suspension scaffold, andamio ajustable de suspensión múltiple

master plan, plan maestro

mastics, mastiques

material, material

mating fitments, accesorios de conexión

max building footprint, máxima superficie de construcción

max site coverage, máxima superficie del sitio

maximum intended load, carga máxima calculada

means of egress, modo de salida

measuring rope, cuerda para medir

measuring tape, cinta para medir

mechanic, mecánico

mechanical lock, cerradura mecánica

melt-through, fusión total

mesh, malla

metal, metal

metal angle, angular de metal

metal bracket form scaffold, andamio de molde con palometa de metal

metal form, molde de metal

metal plate, plancha de metal

metal strip, banda metálica

metal ties, anclajes de metálicos
metal truss, viga metálica
metallic insulation, aislamiento metálico
meter, metro
micro-concrete, microhormigón
midrail, larguero intermedio
mill scale, óxido de hierro
mineral aggregate, árido mineral
mineral wool, lana mineral
mini-excavator, mini-excavadoras
minimum clearance distance, distancia mínima de seguridad
mirror, espejo
mobile crane, grúa móvil
mobile scaffold, andamio móvil
model, maqueta
modular brick, ladrillo modular
mold remediation, eliminación de moho
molded, moldeado
molding, moldura
mold-proofing, tratamiento anti-moho
Molly expansion anchor, anclaje de expansión tipo Molly
monument, monumento
mortar, mortero/argamasa
mortar mixer, mezcladora de mortero

Construction Definitions and Meanings in English and Spanish

mortar sand, arena para mortero

motor, motor

motor vehicle, vehículo de motor

mouthpiece respirator, respirador con boquilla

mud flap, guardafango

mud sill, durmiente

multi-level suspended scaffold, andamio de suspensión con niveles múltiples

multi-point adjustable scaffold, andamio ajustable de suspensión múltiple

muzzle, bozal

N

nail, clavo

nailers, clavadoras

nailing block, apoyo para clavazón

natural aggregates, áridos naturales

natural cooling, refrigeración natural

needle beam, viga de espiga

needle beam scaffold, andamio de espiga

net, red

net present cost, costo neto actualizado

night-time ventilation system, sistema de ventilación nocturna

nipple, manguito roscado

noise, ruido

non-conductive, no conductor de electricidad

normal weight concrete, concreto de peso normal

Construction Definitions and Meanings in English and Spanish

nut, tuerca

O

offgassing, emisión de compuestos volátiles

off-grid electricity, electricidad sin conexión a la red

oil varnish, barniz de aceite

old wood, madera de derribo

open end hose, manguera de boca descubierta

open flame, flama abierta

open web steel joist, vigueta de acero con alma abierta

opening, abertura

open-sided, lado expuesto

outlet, tomacorriente

outlet box, caja para tomacorriente

output capacity, capacidad de salida

outrigger, estabilizador

outrigger beam, viga voladiza

Construction Definitions and Meanings in English and Spanish

outrigger ledger, puente voladizo

outrigger scaffold, andamio voladizo

overcurrent, sobrecorriente

over-current device, dispositivo de protección contra sobrecorriente

over-current protection, protección contra sobrecorriente

overhang, pretil

overhead crane, grúa elevada

overhead hoist, torno de izar

overhead line, línea aérea

overhead power line, línea eléctrica aérea

overhead protection, resguardo superior

overspeed preventive device, dispositivo que impide el exceso de velocidad

oxyacetylene torch, soplete oxiacetilénico

oxygen, oxígeno

oxygen deficient, nivel bajo de oxígeno

oxygen depleting, agotamiento de oxígeno

oxygen displacing, desplazamiento del oxígeno

P

padding, almohadillado
padlock, candado
paint, pintura
painter's putty, masilla de pintor
palace, palacio
pallet, tarima
particulate contaminant, contaminante en partículas
passageway, pasillo
passive building design, diseño de edificios pasivo
passive cooling system, sistema pasivo de refrigeración
pattern, patrón
paving stone, adoquín
payback period, periodo de amortización
peak, pico

Construction Definitions and Meanings in English and Spanish

peak sound pressure level, nivel máximo de presión de sonido

permeability, permeabilidad

permeability agent, agente de permeabilidad

personal climbing equipment, equipo para trepar usado por el personal

personal protective equipment, equipo de protección personal

personnel hoist, elevador para trabajadores

photovoltaic electricity, electricidad fotovoltaica

pick-up truck, camioneta

picture rail, banquetilla de friso

pier, estribo

pile driving, hincapilotes

piling, pilotaje

pin, clavija

pipe, tubo

pipe fittings, accesorios para tubos

pipe hangers, perchas para tubos

pipe wrench, llave de perro

pipes, tubería

pit, foso

plain concrete, concreto en masa

plain-sawed wood, madera en tablones

plan, plano

plank, tabla

planked, entablado
plant, planta
plaster, yeso
plaster mortar mixer, mezcladora de mortero de yeso
plasterers' scaffold, andamio para enyesar
plastic anchors, anclajes de plástico
plastic concrete, concreto plástico
plastic tile, piezas especiales de plástico
plastics, plásticos
plate, placa
platform, plataforma
plug, clavija
plumber, fontanero
plumbing, plomería
plywood, madera laminada
pneumatic power tool, herramienta neumática
pneumatic riveting hammer, martillo neumático remachador
pneumatic tool, herramienta neumática
pocket door, puerta corredera
pole, poste
pole hole, hoyo para poste
pole scaffold, andamio de poste
polystyrene, poliestireno
pond, estanque

Construction Definitions and Meanings in English and Spanish

porch canopies, toldos para terraza

portable electric tool, herramienta eléctrica portátil

portable trench box, caja portátil para zanja

positive energy building, edificio de energía positiva

post occupancy evaluation, evaluación postocupación

post-tensioned concrete, concreto postensado

potable water, agua potable

pour (concrete), colar (concreto)

power drill, perforadora eléctrica

power line, línea eléctrica

power shift, transmisión

power shovel, pala mecánica

power take off (PTO), toma de fuerza

power transmission and distribution, transmisión y distribución de energía

powered industrial truck, camión industrial

precast concrete, concreto prefabricado

prefabricate, prefabricar

preservative, agente de conservación

pressed brick, ladrillo agramilado

pressure, presión

pressure vessel, recipiente a presión

prestressed concrete, concreto pretensado

presumed asbestos containing material (PACM), material que se presume contiene asbesto

priming coat, capa tapaporos

process vessel, recipiente de procesamiento

projection hazard, riesgo de objetos salientes

propane, propano

protective ground, conexión a tierra para protección

protective helmet, casco de seguridad

protective systems, sistemas de protección

proximity warning device, aparato de aviso de proximidad

pull switch, apagador / interruptor de cordón

pulling line, línea de tracción

pulling ring, aro de tracción

pulling tension, tensión por tracción

pump, bomba

pump jack bracket, palometa de gato

pump jack scaffold, andamio de gato

pumpcrete system, sistema para bombeo de concreto

putty in plastering, mastique para enlucidos de yeso

Q

qualified person, persona calificada

quarry, cantera

quick lime, cal viva

R

rack, bastidor
radiating brick, ladrillo adovelado
rafter, vigueta
rail, barandilla
rail bolt, anclaje de barandilla
railing, rieles
ratchet hoist, elevador por trinquete
ready-mix concrete, concreto pre-mezclado
ready-mix truck, camión de pre-mezclado
receptacle outlet, tomacorriente de receptáculo
rectangular tie, anclaje rectangular
reflective insulation, aislamiento reflectante
refractory brick, ladrillo refractario
regulated area, área reglamentada

Construction Definitions and Meanings in English and Spanish

reinforced concrete, concreto armado
reinforcing bars, armadura
reinforcing steel, acero de refuerzo
release, liberación
release mechanism, mecanismo de desenganche
removal, remoción
rescue, salvar
residential construction, construcción residencial
resistance, resistencia
respirator, respirador
respirator mask, máscara respiradora
restraining cable, cable de contención
retaining wall, muro de contención
retention pond, estanque de retención
retrieval system, sistema de recuperación
reverse signal alarm, alarma de retroceso
rigging, cableado
ring buoy, boya salvavidas anular
ring test, prueba de sonido por percusión
rivet, remache
rolling scaffold, andamio móvil
rollover protective structure (ROPS), estructura de protección contra vuelco
roof, techo

roof bracket scaffold, andamio de palometa para techo
roof drain, desagüe del techo
roof framing, armazón de tejado
roofing bracket, soporte de techo
rubbing varnish, barniz de frotar
rubble concrete, concreto de mampuestos
rung, peldaño
runoff, escorrentía/escurrimiento
rust, óxido

S

safety belt, cinturón de seguridad

safety equipment, equipo de seguridad

safety factor, factor de seguridad

safety glasses, lentes de seguridad

safety harness, arnés de seguridad

safety helmet, casco de seguridad

safety latch, pestillo de seguridad

safety light, luz de seguridad

safety net, red de seguridad

safety vest, chaleco de seguridad

sand, arena

sandstone, arenisca

sash, marco de ventana

sash lift, elevador de ventana

Essential English-Spanish Construction Terms

sawhorse, caballete

scaffold, andamio

scaffolding, andamiaje

scale, escala

screw, tornillo

seat belts, cinturón de seguridad

septic tank, fosa séptica

sewer, alcantarilla

shading coefficient, coeficiente de sombra

sheet metal, lámina de metal

sheeting, revestimientos de la zanja

shelf angles, angular de asiento

shielded metal - arc welding, soldadura por arco metálico protegido

shielding protection, escudo de protección

ship scaffold, andamio de barco

shock loading, carga súbita

shore scaffold, andamio con puntal

shoring, apuntalamiento

shoring layout, plan de apuntalamiento

short circuit, cortocircuito

shoulder harness, arnés de hombro

shovel, pala

show rafter, cabio visto

Construction Definitions and Meanings in English and Spanish

shower, regadera/ducha

shutoff value, válvula de cierre

side rail, larguero lateral

siding, forrado

silica, sílice

single-point adjustable scaffold, andamio ajustable de apoyo sencillo

sink, lavabo

skylight, tragaluz

skyscraper, rascacielos

slab, losa

slab on grade, losa sobre el suelo

slag concrete, concreto de escorias

slaked lime, cal apagada

slate, pizarra

sliding door, puerta corrediza

sliding doors, puertas corredizas

sliding sash, bastidor corredizo

sliding trench shield, protector deslizable para zanja

sling, eslinga

sling line, línea para levantar o mover material

slop, pendiente

sloping system, sistema de ángulo de inclinación

smoke alarm, alarma contra humo

snap hook, gancho de seguridad
snap-off-anchor, anclaje de golpe único
socket, receptáculo
socket wrench, llave de dados
soft material, terreno blando
softwood, madera blanda
soil, suelo
soil test, prueba de terreno
soil type, tipo de suelo
solar panel, panel solar
solder, soldadura
solid, firme
solid fuel salamander, estufa de combustible sólido
solid web, alma sólida
sound level meter, medidor de niveles de sonido
splayed brick, ladrillo alfeizado
splice, empalme
splice box, caja de empalmes
split bolt connector, bifurcador
split rim, aro partido
spoil pile, montón de material excavado
sponge, esponja
spot welding, soldadura por punto
springwood, madera de primavera

Construction Definitions and Meanings in English and Spanish

sprocket, rueda dentada

spud wrench, llave de conector de acero

squared splice, junta escuadrada

stable rock, piedra estable

stack effect, tiro

stacking pin, pasador de apilar

stain, mancha

stainless steel, acero inoxidable

stairs, escalera

stairway railing, baranda de escalera

stall door, mampara

standpipe, torre de suministro de agua

static charge, carga estática

stationary mixer, mezcladora / hormigonera estacionaria

steel, acero

steel construction, construcción en acero

steel joist, vigueta de acero

steel shackle, grillete de acero

stilts, zancos

stirrup, estribo

stitching, costura

stonework, empedrado

storage, bodega

string line, línea

stringing, tendido
struck-by, golpeado/impactado
structural grade aluminum, aluminio de tipo estructural
strut, codal
stucco, estuco
styrofoam, casetón
subconductor, conductor secundario
subrail, apoyo inferior de riel
supplier, proveedor
supply, abastecimiento
supply hose, manguera de abastecimiento
supported scaffold, andamio de base
supporting cable, cable de suspensión
supporting member, pieza de apoyo
supporting structures, estructuras de apoyo
supporting systems, sistema de apoyo
supporting tie, amarre de retención
suspended scaffold, andamio voladizo
suspension wire rope, cable de suspensión
swimming pool, alberca/piscina
swing radius, radio de recorrido
swing stage scaffold, andamio suspendido y oscilante
switch, interruptor/apagador

T

T hinge, bisagra en T
T plate, placa en T
tag line, cable de maniobra
tagout, bloqueo de energía usando etiqueta
tamping, apisonamiento
tape, cinta
tape measure, cinta para medir
temple, templo
temporary lighting, alumbrado provisional
temporary wiring, alambrado provisional
tensile loading, carga sometida a tracción
terminal screw, tornillo de las terminales
terrace, terraza
test light, lámpara de prueba

thermal break, ruptura térmica

thermal comfort, confort térmico

thermal insulation, aislamiento térmico

thermal mass, masa térmica

thermal resistance, resistencia térmica

thimble, guarda cabo

three-prong plug, enchufe macho de tres patillas

three-wire type, tipo tres alambres

tie line, línea de conexión

tieback, cuerda de anclaje

tie-off, amarre

tile, azulejo

tilting mixer, mezcladora basculante

timber connectors, fijadores para madera

tin, estaño

tire rack, porta-neumáticos

tool, herramienta

tool carrier, cargadora de herramienta

toolbox, caja de herramientas

torque, torsión

torque wrench, llave de torsión

tower, torre

tower truck, camión de torre

track, vía

Construction Definitions and Meanings in English and Spanish

tractor, tractor

traffic cones, conos de seguridad

transformer, transformador

transit-mixed concrete, concreto mezclado durante el trasporte

trap-door, trampa

tread, huella de escalón

trench, zanja

trench box, caja de trinchera

trencher, zanjadora

trestle ladder, escalera de caballete

trestle scaffold, andamio de caballete

trowel, allanadora

truck, camión / camión de carga

truck mixer, mezcladora sobre camión

truss clips, grapas para cerchas

tube and coupler scaffold, andamio tubular con acoplador

tubing, cañería

tubular scaffolds, andamiaje tubular

tubular welded frame scaffold, andamio de armazón tubular soldada

turn around area, área de maniobras

two-point suspension scaffold, andamio de suspensión doble

U

underpinned, apuntalado
uniform, uniforme
uniloader, minicargadora
unprotected edge, borde expuesto
unprotected side, lado expuesto
unstable, inestable
unstable material, terreno inestable
unstable soil, suelo inestable
uplift, levantamiento
urban planning, planeación urbana
urinals, mingitorios

V

vacuum, vacío
valley jack, cabio de lima hoya
valve protecting cap, gorro protector de la válvula
valve seat, asiento de la válvula
valve stem, vástago de la válvula
vapor / moisture barrier, barrera anti-humedad
varnish, barniz
vault, bóveda
veneer, enchape
vent, ventilación
vertical, pulidora vertical
vertical slip form, molde de deslizamiento vertical
vest, chaleco
vinyl, vinilo

voltage, voltaje

vulcanized, vulcanizado

W

wading pool, chapoteadero

waffle flat plate construction, concretado en dos direcciones

walkway, andador

wall, muro

wall anchor, anclaje para muro

wall box, caja en muro

wall finish, enjarre aplanado fino

warning signs, avisos de precaución

washed concrete, concreto lavado

washer, rondana / arandela

waste water, aguas residuales

water putty, masilla de carpintero

web, alma/vigueta

welding helmet, careta de soldar

wet method, método en mojado

wheel loaders, cargadora de ruedas

wheelbarrow , carretilla

width, anchura

window jack, andamio de palometa de ventana

window jack scaffold, andamio de escala para limpiar ventanas

wire, alambre

wire conductor, conductor

wire rope clip, grapa para cable

wire tie, amarre de alambre

wiring, alambrado

wood, madera

wood pole scaffold, andamio de poste de madera

wooden bracket form scaffold, andamio de palometa de gato

work vest, chaleco de trabajo

working deck, plataforma de trabajo

working load, carga de trabajo

wound, herida/lesión

wrecking ball, bola de demolición

wrench, llave

Z

zero carbon building, edificio cero emisiones

zoning, zonificación

SPANISH-ENGLISH
ESPAÑOL-INGLÉS

A

abanderado, flagman

abastecimiento, supply

abertura, opening

abrasivo, abrasive

abrazadera, brace

acabado, finishing

accesorio, fitting

accesorios, fittings

accesorios de conexión, mating fitments

accesorios metálicos, hardware

accesorios para tubos, pipe fittings

aceite de linaza, linseed oil

aceite de linaza cocido, boiled oil

aceite de semilla de cáñamo, hempseed oil

aceite para moldes, form oil

aceleración, acceleration

acelerador, accelerator

acero, steel

acero de refuerzo, reinforcing steel

acero estirado en frío, cold-drawn steel

acero galvanizado, galvanized steel

acero inoxidable, stainless steel

acetileno, acetylene

acido para limpiar ladrillos, builder´s acid

acometida, drop wire

acoplador, coupler

acoplamientos de pernos ajustables, adjustable bolt inserts

acunado, cribbed

adhesivo, adhesive

aditamento ajustable, flexible fitting

aditivo, admixture

adobe, adobe

adoquín , paving stone

aereador para grifos de lavamanos, faucet sink aerator

aerógrafo, airbrush

afianzador de acero corrugado, corrugated iron fastener

ágata, agate

agente de conservación, preservative

Construction Definitions and Meanings in English and Spanish

agente de permeabilidad, permeability agent

agotamiento de oxígeno, oxygen depleting

agua de cola, glue water

agua potable, potable water

aguas residuales, waste water

aislado, insulated

aislado, isolated

aislador, insulator

aislamiento, insulation

aislamiento de relleno, loose-fill insulation

aislamiento metálico, metallic insulation

aislamiento por relleno, fill-type insulation

aislamiento reflectante, reflective insulation

aislamiento térmico, thermal insulation

aislante de porcelana, knob insulator

alambrado, wiring

alambrado provisional, temporary wiring

alambre, wire

alambre de tierra, ground wire

alambre eléctrico sin aislamiento, bare conductor

alambre para fusible, fuse wire

alambre para jalar, bull wire

alambre recocido, annealed wire

alarma contra humo, smoke alarm

alarma contra ladrones, burglar alarm

alarma de incendio, fire alarm

alarma de retroceso, reverse signal alarm

albañilería/mampostería, masonry

alberca/piscina, swimming pool

alcantarilla, sewer

allanadora, trowel

alma de cable independiente, independent wire rope core

alma sólida, solid web

alma/vigueta, web

almohadilla filtrante, filter pad

almohadillado, padding

altura de arranque, height of opening

altura de caída, fall height

altura de cerramiento, height of closing

alumbrado provisional, temporary lighting

aluminio, aluminum

aluminio de tipo estructural, structural grade aluminum

aluminio para aislamiento, aluminum foil insulation

amarre, tie-off

amarre de alambre, wire tie

amarre de retención, supporting tie

amasadora para juntas, drywall mud masher

ambiente, environment

Construction Definitions and Meanings in English and Spanish

amianto prensado, asbestos lumber

anchura, width

anclaje, anchor

anclaje, anchorage

anclaje de barandilla, rail bolt

anclaje de cimentación, foundation bolt

anclaje de expansión tipo Molly, Molly expansion anchor

anclaje de golpe único, snap-off-anchor

anclaje de tornillo de avance, lead screw anchor

anclaje de vigueta, joist anchor

anclaje para muro, wall anchor

anclaje rectangular, rectangular tie

anclajes de metálicos, metal ties

anclajes de pilares, column anchorage

anclajes de plástico, plastic anchors

andador, walkway

andamiaje, scaffolding

andamiaje pesado, builder's staging

andamiaje tubular, tubular scaffolds

andamio, scaffold

andamio ajustable de apoyo sencillo, single-point adjustable scaffold

andamio ajustable de suspensión múltiple, masons' adjustable multiple-point suspension scaffold

Essential English-Spanish Construction Terms

andamio ajustable de suspensión múltiple, multi-point adjustable scaffold

andamio colgante, float scaffold

andamio colgante, hanging scaffold

andamio colgante para interiores, interior hung scaffold

andamio con base cuadrada para albañil, bricklayers' square scaffold

andamio con puntal, shore scaffold

andamio de área grande, large area scaffold

andamio de armazón tubular soldada, tubular welded frame scaffold

andamio de armazón tubular soldado, fabricated frame scaffold

andamio de barco, ship scaffold

andamio de base, supported scaffold

andamio de caballete, horse scaffold

andamio de caballete, trestle scaffold

andamio de escala para limpiar ventanas, window jack scaffold

andamio de espiga, needle beam scaffold

andamio de gato, pump jack scaffold

andamio de molde, form scaffold

andamio de molde con palometa de metal, metal bracket form scaffold

andamio de palometa, jack scaffold

andamio de palometa de carpintero, carpenters' bracket scaffold

andamio de palometa de gato, wooden bracket form scaffold

andamio de palometa de ventana, window jack

Construction Definitions and Meanings in English and Spanish

andamio de palometa en escalera, ladder jack scaffold

andamio de palometa para techo, roof bracket scaffold

andamio de poste, pole scaffold

andamio de poste de madera, wood pole scaffold

andamio de poste independiente, independent pole scaffold

andamio de silla mecedora, boatswain's chair scaffold

andamio de suspensión con niveles múltiples, multi-level suspended scaffold

andamio de suspensión doble, two-point suspension scaffold

andamio movible impulsado manualmente, manually propelled mobile scaffold

andamio móvil, mobile scaffold

andamio móvil, rolling scaffold

andamio para decorador, decorator scaffold

andamio para enyesar, plasterers' scaffold

andamio reclinado, lean-to scaffold

andamio suspendido y oscilante, swing stage scaffold

andamio tubular con acoplador, tube and coupler scaffold

andamio voladizo, outrigger scaffold

andamio voladizo, suspended scaffold

angular, angle iron

angular de asiento, shelf angles

angular de metal, metal angle

angulares de madera, corner boards

ángulo, corner angle

ángulo de reposo, angle of repose

anillo inmovilizador, locking ring

anteproyecto, drafting instructions

apagador / interruptor automático, automatic time switch

apagador / interruptor de cordón, pull switch

apagador / interruptor de puerta, door switch

apagador / interruptor de servicio, entrance switch

apagador / interruptor empotrado, flush switch

aparato de aviso de proximidad, proximity warning device

apartamentos, apartments

apisonamiento, tamping

aplanadora de concreto, bull float

aplanar, backdrag

apoyo inferior de riel, subrail

apoyo para clavazón, nailing block

apoyos de viga, girder supports / girder posts

apuntalado, underpinned

apuntalamiento, shoring

arcilla, clay

arcilla esquistosa, clay shale

arcilla refractaria, fire clay

arco, arch

área de maniobras, turn around area

área reglamentada, regulated area

Construction Definitions and Meanings in English and Spanish

áreas habitables, living areas
arena, sand
arena de relleno aceitada, fill oiled sand
arena para mortero, mortar sand
arenisca, sandstone
arenisca ferruginosa, brownstone
árido fino, fine aggregates
árido mineral, mineral aggregate
áridos, aggregate
áridos naturales, natural aggregates
armadura, reinforcing bars
armadura interior de una cornisa, bracketing
armar, assemble
armazón, framework
armazón de sierra caladora, coping frame
armazón de tejado, roof framing
arnés, harness
arnés de hombro, shoulder harness
arnés de seguridad, safety harness
aro de tracción, pulling ring
aro partido, split rim
arquitectura, architecture
asbestina, asbestine
asbesto, asbestos

asfalto, asphalt

asiento de la válvula, valve seat

atrapado, caught-in

avisos de precaución, warning signs

azotea, deck roof

azulejo, colored tile

azulejo, tile

B

bajante pluvial, downspout

balcón, balcony

banda metálica, metal strip

banda transportadora, belt conveyor

banda transportadora, conveyor belt

banquetilla de friso, picture rail

baranda de escalera, stairway railing

barandal, guardrail

barandilla, rail

barniz, varnish

barniz de acabado, finishing varnish

barniz de aceite, oil varnish

barniz de frotar, rubbing varnish

barra, bar

barra colectora, bus bar
barra curva, bent bar
barra deforme, deformed bar
barras de compresión, compression bars
barrena, auger
barrera, barricade
barrera, barrier
barrera anti-humedad, vapor / moisture barrier
barro vidriado, faience
bastidor, case
bastidor, rack
bastidor corredizo, sliding sash
bastidor de cajón, box frame
bastidor de ventanillo, hopper frame
batería, battery
bifurcador, split bolt connector
bisagra, hinge
bisagra en T, T hinge
bisagra plana, butt hinge
biselado, faceted
biselado, featheredging
bloque, building block
bloque de cenizas, cinder block
bloque de relleno, filler block

Construction Definitions and Meanings in English and Spanish

bloque hueco de cemento, hollow concrete block
bloqueo de energía usando candado, lockout
bloqueo de energía usando candado y etiqueta, lockout/tagout
bloqueo de energía usando etiqueta, tagout
bloqueo por aire, air lock
bloques para conducción de humos, chimney blocks
bodega, storage
bola de demolición, demolition ball
bola de demolición, wrecking ball
bolsa plástica sellada para remoción, glove bag
bomba, pump
bomba de calor con aire como fuente caliente, air source heat pump
borde expuesto, unprotected edge
botas de canilleras altas, high top boots
bote salvavidas, lifesaving skiff
bóveda, vault
boya salvavidas anular, ring buoy
bozal, muzzle
brazo de grúa, jib
brida, bridle sling
bronce, bronze

C

caballete, sawhorse

cabina, cockpit

cabio bajo, bottom rail

cabio de lima hoya, valley jack

cabio falso, false rafter

cabio laminado, laminated rafter

cabio visto, show rafter

cable, cable

cable a tierra, ground line

cable armado, armored cable

  cable de carga, load line

cable de contención, restraining cable

cable de izar, hoist line

cable de maniobra, tag line

Construction Definitions and Meanings in English and Spanish

cable de puente eléctrico, jumper

cable de retorno a tierra, ground return cable

cable de suspensión, supporting cable

cable de suspensión, suspension wire rope

cable doble, duplex cable

cable eléctrico, electric cord

cable flexible, flexible cable

cable flexible para puente eléctrico, flexible jumper cord

cable para puente eléctrico con conexión a tierra, ground jumper cable

cableado, rigging

cableado interior, interior wiring

cables conductores, leads

cables de enganche, cable attachments

cabo de mecha, butt

cadena, chain

cadena de aleación de acero, alloy steel chain

caída libre, free fall

caja de conexión, junction box

caja de derivación, conduit box / pull box

caja de empalmes, splice box

caja de fusibles, fuse box

caja de herramientas, toolbox

caja de trinchera, trench box

caja en muro, wall box

caja para tomacorriente, outlet box

caja portátil para zanja, portable trench box

cal anhidra, anhydrous lime

cal apagada, slaked lime

cal viva, quick lime

calafeteado, caulking

caldera, boiler

caliducto, caliduct

cámara de aire comprimido, caisson

cámara de aire comprimido, compressed air chamber

camilla de canasta, basket stretcher

camión / camión de carga, truck

camión de pre-mezclado, ready-mix truck

camión de torre, tower truck

camión de volteo, dump truck

camión industrial, powered industrial truck

camioneta, pick-up truck

campana, hood

canal, gutter

canasta, basket

canasta elevada, aerial lift

canasta elevada motorizada, aerial lift truck

canasto aéreo, aerial bucket

Construction Definitions and Meanings in English and Spanish

cáncamo, eyebolt
candado, padlock
candado/cerradura, lock
candelas largas, foot-candles
cantera, quarry
cañería, tubing
capa base, base coat
capa de acabado, finish coat
capa tapaporos, priming coat
capacidad de salida, output capacity
capacidad térmica, heat number
caperuza, chimney cap
capota, canopy
carbonato cálcico, calcium carbonate
careta, face shield
careta de soldar, welding helmet
carga, load
carga de trabajo, working load
carga estática, static charge
carga máxima calculada, maximum intended load
carga sometida a tracción, tensile loading
carga súbita, shock loading
carga viva, live load
carga viva, live load

cargador, loader

cargador delantero, front-end loader

cargadora de herramienta, tool carrier

cargadora de ruedas, wheel loaders

cargas por gravedad, gravity loads

carpintero, carpenter

carretilla, wheelbarrow

carrito para cargar concreto, concrete buggy

casa, house

casco, hard hat

casco, helmet

casco de seguridad, protective helmet

casco de seguridad, safety helmet

casetón, styrofoam

castillo, cornerstone beam

catedral, cathedral

celador, lineman

cemento, cement

cemento escobillado, brushed cement

cemento pulido, buffed/smoothed cement

ceniza, ash

cepillo, brush

cerco rústico de palos, grape stake fence

cerradura mecánica, mechanical lock

Construction Definitions and Meanings in English and Spanish

cerrojo doble, duplex lock
cerrojo muerto, dead bolt
cielo, ceiling
cierre, closure
cilindro, cylinder
cilindro acoplado, coupled cylinder
cilindro ramificado, manifolded cylinder
cimientos, foundation
cinta, tape
cinta para medir, measuring tape
cinta para medir, tape measure
cinturón de seguridad, body belt
cinturón de seguridad, safety belt
cinturón de seguridad, seat belts
circuito con pérdida a tierra, ground-fault circuit
circuito de conexión a tierra, grounding circuit
circuito ramal, branch circuit
clasificado, graded
clavadoras, nailers
clavar por el revés, backnailing
clavija, pin
clavija, plug
clavija de alineamiento, dowel
clavija hembra, female plug

clavija macho, male plug

clavo, nail

cloruro cálcico, calcium chloride

cobre, copper

cobreado galvánico, copper plating

codal, strut

coeficiente de sombra, shading coefficient

colar (concreto), pour (concrete)

color semi-mate, eggshell

columna, column

columnata, colonnade

compensador de nivel, grade trimmer

comportamiento ambiental, environmental performance

compresor, compressor

compresor de aire, air compressor

concretado en dos direcciones, waffle flat plate construction

concretado en tiempo caluroso, hot weather concreting

concretado en tiempo frío, cold weather concreting

concreto aireado, aerated concrete

concreto aislante, insulating concrete

concreto armado, reinforced concrete

concreto celular, air-entrained concrete

concreto con árido visto, exposed aggregate

concreto de árido grueso, heavyweight concrete

Construction Definitions and Meanings in English and Spanish

concreto de cenizas, cinder concrete

concreto de escorias, slag concrete

concreto de mampuestos, rubble concrete

concreto de peso normal, normal weight concrete

concreto en masa, plain concrete

concreto endurecido, hardened concrete

concreto fresco, fresh concrete

concreto lavado, washed concrete

concreto mezclado durante el trasporte, transit-mixed concrete

concreto plástico, plastic concrete

concreto pobre, harsh

concreto postensado, post-tensioned concrete

concreto prefabricado, precast concrete

concreto pre-mezclado, ready-mix concrete

concreto pretensado, prestressed concrete

concreto/hormigón, concrete

condominio, condominium

conducto, chute

conducto de extracción, exhaust duct

conductor, wire conductor

conductor de conexión a tierra, grounding conductor

conductor flexible, flexible cord

conductor principal, lead wire

conductor secundario, subconductor

conductor sin energía, de-energized conductor
conductos, ducts
conector, connector
conexión a tierra, attaching ground
conexión a tierra, grounding
conexión a tierra de las máquinas, machine grounding
conexión a tierra para protección, protective ground
conexión de cordón a cordón, cord-to-cord connection
conexión de manguera, hose coupling
confort térmico, thermal comfort
conos de seguridad, traffic cones
construcción en acero, steel construction
construcción ligera, lightweight construction
construcción residencial, residential construction
construcción sin pérdida, lean construction
contacto aterrizado, grounded outlet/ wire
contaminante en partículas, particulate contaminant
contrapeso, backstress
contrapesos, front weights
contratuerca, backnut
control de enganche, hitch command
control de inundación, flood control
control hidráulico, hydraulic control
controles administrativos, administrative controls

Construction Definitions and Meanings in English and Spanish

controles de ingeniería, engineering controls
cordón detonador, detonating cord
cordón eléctrico de uso rudo, heavy duty electric cord
cordón y enchufe, cord and plug
corriente de pérdida, fault current
cortador, cutter
corte por arco eléctrico, arc cutting
corte por llama oxiacetilénica, gas cutting
cortina, curtain
cortocircuito, short circuit
costo de capital, capital cost
costo de fin de ciclo, end-of-life cost
costo neto actualizado, net present cost
costura, stitching
cota de nivel, grade figure
creosota, creosote
criterio de iluminación, lighting criteria
cruceta, cross brace
cuadra, city block
cubeta, bucket
cubeta conductora de electricidad, conductive bucket
cubeta para concreto, concrete bucket
cubierta, counter
cubierta, decking

cuerda de anclaje, tieback

cuerda de cáñamo, manila rope

cuerda de izar, hoist rope

cuerda de seguridad, lanyard

cuerda de seguridad, lifeline

cuerda para medir, measuring rope

cuna, cradle

CH

chaleco, vest

chaleco de seguridad, safety vest

chaleco de trabajo, work vest

chaleco salvavidas, buoyant vest

chaleco salvavidas, life jacket

chapa de refuerzo, double plate

chapoteadero, wading pool

choque eléctrico, electrical shock

D

decibel, decibel
decoración de terreno exterior, landscaping
demanda energética, energy demand
demolición, demolition
depósito cerrado, locked magazine
depósito de aguas grises, gray reservoir
derrumbe/desprendimiento, cave-in
desagüe del techo, roof drain
desagües laterales, edge sub-drains
descontaminación, decontamination
desplazamiento del oxígeno, oxygen displacing
detención de caída, fall arrest
detonación, blasting
detonación eléctrica, electric blasting

Construction Definitions and Meanings in English and Spanish

dintel, header

dique provisional, cofferdam

diseño de edificios pasivo, passive building design

dispositivo de protección contra sobrecorriente, over-current device

dispositivo inmovilizador, locking device

dispositivo inmovilizador del carro, car arresting device

dispositivo que impide el exceso de velocidad, overspeed preventive device

distancia mínima de seguridad, minimum clearance distance

doblar, bend

doble viga, double trimmer

dren, drain

durmiente, mud sill

E

ebanistería, cabinet work
ecovivienda, eco-house
edificio, building
edificio cero emisiones, zero carbon building
edificio de energía positiva, positive energy building
electricidad, electricity
electricidad fotovoltaica, photovoltaic electricity
electricidad sin conexión a la red, off-grid electricity
electricista, electrician
electrocución, electrocution
electrodo, electrode
electrodo de conexión a tierra, grounding electrode
electroestático, electrostatic
electromagnético, electromagnetic

Construction Definitions and Meanings in English and Spanish

elevación, elevation
elevador / ascensor, elevator
elevador de ventana, sash lift
elevador para trabajadores, personnel hoist
elevador por trinquete, ratchet hoist
eliminación, disposal
eliminación de moho, mold remediation
emisión de compuestos volátiles, offgassing
empalme, splice
empalme de argolla, eye splice
empedrado, stonework
empernado, bolting
empleado/obrero, employee
empotrado, housing
empuñadura de barra, bar handle
encerramiento, enclosure
enchape, veneer
enchufe de piso, floor plug
enchufe macho de tres patillas, three-prong plug
energía de entrada, input energy
engranaje, gear
enjarre aplanado fino, wall finish
entablado, planked
entrada, entryway

entrenamiento sobre riesgos de caída, fall hazard training

equipo, equipment

equipo de aire para corte con arco, air arc-gouging equipment

equipo de protección contra caídas, fall protection equipment

equipo de protección personal, personal protective equipment

equipo de salvamento, life saving equipment

equipo de seguridad, safety equipment

equipo para movimiento de tierra, earthmoving equipment

equipo para trepar usado por el personal, personal climbing equipment

escala, scale

escalera, stairs

escalera conductora de electricidad, conductive ladder

escalera de caballete, trestle ladder

escalera doble de peldaños, double cleat ladder

escalera fija, fixed ladder

escalera mecánica, escalator

escalera portátil, ladder

escoria caliente, hot slag

escorrentía/escurrimiento, runoff

escotilla, hatchway

escritorio, desk

escudo de protección, shielding protection

escurrimiento, drain down

Construction Definitions and Meanings in English and Spanish

eslinga, sling

eslinga de argolla, eye sling

eslinga sin fin, endless sling

esmeriladora horizontal, horizontal grinder

espacio confinado, confined space

espejo, mirror

esponja, sponge

esquinero, knee brace

estabilizador, outrigger

estanque, pond

estanque de retención, retention pond

estaño, tin

estribo, hanger

estribo, pier

estribo, stirrup

estribo de viga, beam hanger

estribo/soporte, abutment

estribos para vigueta, joist hangers

estructura con bajo contenido de armaduras, low reinforced structure

estructura de protección contra vuelco, rollover protective structure (ROPS)

estructura de soporte de suelo, earth bearing structure

estructuras de apoyo, supporting structures

estuco, stucco

estufa de combustible sólido, solid fuel salamander

etiqueta, label

etiquetado, labeling

evaluación de impacto, impact assessment

evaluación postocupación, post occupancy evaluation

excavación, excavation

excavación para zapata, footing excavation

excavación rellenada, backfilled excavation

excavadora, excavator

excavar, dig

extender, expand

extensión eléctrica, extension cord

extintor, extinguisher

extintor, fire extinguisher

F

factor de seguridad, safety factor
factor de seguridad para estallido, bursting safety factor
faldón, extra overhang
falla, failure
falleba de pie, foot bolt
falso pilote, cushion head
felpudo de puerta, carpet strip
ferretería de acabado, finish hardware
fibra de vidrio, fiberglass
fijadores para madera, timber connectors
fijo, fixed
filtro, canister
filtro de salida, downstream filter
filtro para máscara antigás, gas mask canister

firme, solid

flama abierta, open flame

flotador, float

fluido refrigerante, coolant

fontanero, plumber

forrado, siding

forrado de tablas solapadas, drop siding

forro de tablones, lagging

fosa séptica, septic tank

foso, pit

fractura por fragilidad, brittle fracture

fregadero, dish sink

fuego/incendio, fire

fuente, fountain

fuga, leak

fundente, flux

fundidor con camisa de aire, air jacketed melter

fusible, fuse

fusible (elemento), fuse link

fusible de cartucho, cartridge fuse

fusible de cinta, fuse strip

fusible encerrado, enclosed fuse

fusión total, melt-through

G

gabinete, cabinet
gancho, hook
gancho de seguridad, snap hook
gas inflamable, flammable gas
gas licuado de petróleo, liquefied petroleum gas
gasolina, gasoline
gato, jack
gato hidráulico, hydraulic jack
generador, generator
golpeado/impactado, struck-by
gorro protector de la válvula, valve protecting cap
grano transversal, cross-grain
grapa para cable, wire rope clip
grapas para cerchas, truss clips

grapas para tendido de cable, cleat wiring
grava, gravel
gravilla, coarse aggregate
greca, fret
grieta, crack
grieta/fisura, fissure
grillete de acero, steel shackle
grúa, crane
grúa de caballete, gantry crane
grúa de martillo, hammerhead tower crane
grúa elevada, overhead crane
grúa helicóptero, helicopter crane
grúa móvil, mobile crane
grúa para izar, erection crane
guantes, gloves
guarda, guard
guarda cabo, thimble
guardafango, mud flap

H

hacha, axe
hebilla, buckle
herida/lesión, wound
hermeticidad, air tightness
hermético, air tight
herrajes, furnishings
herramienta, tool
herramienta eléctrica portátil, portable electric tool
herramienta hidráulica, hydraulic tool
herramienta neumática, pneumatic power tool
herramienta neumática, pneumatic tool
hierro, iron
hierro fundido, cast iron
hierro ondulado / placa ondulada, corrugated iron

hincapilotes, pile driving

hoja de comprobación, check list

hoja exterior/contrachapado, face veneer

holgura, looseness

hoyo para poste, pole hole

hueco en el piso, floor hole

huella de escalón, tread

humo, fume

I

iglesia, church
iluminación con reflectores de luz directa, down lighting
iluminación fluorescente, fluorescent lighting
impacto ambiental, environmental impact
impedancia, impedance
impedancia acústica, acoustic impedance
incrustación, inlay
indicador, gauge
inestable, unstable
inflamable, flammable
inhalación, inhalation
inmediatamente peligroso a la vida y la salud, IDLH
instalación eléctrica provisional, knob-and-tube wiring
Instituto Americano de Normas Nacionales, American National Standards Institute (ANSI)

interconexión, cross-connection

interruptor, disconnect switch

interruptor de circuito, circuit breaker

interruptor de circuito con pérdida a tierra, ground-fault circuit interrupter

interruptor de contacto continuo, dead-man switch

interruptor de presión constante, constant pressure switch

interruptor para parada de emergencia, emergency stop switch

interruptor/apagador, switch

intrínsecamente seguro, intrinsically safe

inyector de aire, air ejector

izador, hoist

izador tipo tambor, drum-type hoist

J

jabalcón empotrado, housed brace
jácena, bridging joist
jaula, cage
junquillo para cristales, glass stop
junta, joint
junta a media madera, covered joint
junta a tope, abutting joint
junta achaflanada, beaded joint
junta angular, edge joint
junta de conexión, clamping plate
junta de dilatación, expansion joint
junta de fachada, face joint
junta de mansarda, knuckle joint
junta de soldadura, joint runner

junta de trabajo, cold joint

junta escuadrada, squared splice

junta recta, butt joint

junta soldada con soplete, blown joint

L

laca, lacquer

lado de cara, face side

lado expuesto, open-sided

lado expuesto, unprotected side

ladrillo / tabique, brick

ladrillo abovedado, arch brick

ladrillo adovelado, radiating brick

ladrillo agramilado, pressed brick

ladrillo alfeizado, splayed brick

ladrillo aplantillado, bull header

ladrillo con bisel, cant brick

ladrillo crudo, cob

ladrillo de albardilla, coping brick

ladrillo de caja, king closer

ladrillo de construcción, building brick
ladrillo de coronación, capping brick
ladrillo de fachada, face brick
ladrillo de relleno, backing brick
ladrillo hueco, air brick
ladrillo jumbo, jumbo brick
ladrillo modular, modular brick
ladrillo prensado, engineer´s brick
ladrillo refractario, firebrick
ladrillo refractario, refractory brick
lamina, laminate
lámina de metal, sheet metal
lámina exterior del panel, fascia panel
laminación de piezas planas, face grain
lámpara, lamp
lámpara de alta intensidad, flood lights
lámpara de brazos, cluster lamp
lámpara de prueba, test light
lámpara de techo, ceiling light
lana mineral, mineral wool
larguero intermedio, midrail
larguero lateral, side rail
latón, brass
lavabo, sink

Construction Definitions and Meanings in English and Spanish

lechada, grout
lente de seguridad transparente, clear safety lens
lentes de seguridad, safety glasses
levantamiento, uplift
liberación, release
línea, string line
línea aérea, overhead line
línea de conexión, tie line
línea de distribución, branch line
línea de nivelación, grade line
línea de retención, guy line
línea de tracción, pulling line
línea eléctrica, power line
línea eléctrica aérea, overhead power line
línea para levantar o mover material, sling line
líquidos hidráulicos, hydraulic fluids
lixiviado, leachate
llama, flame
llave, wrench
llave ajustable, adjustable wrench
llave de cadena, chain tongs
llave de conector de acero, spud wrench
llave de dados, socket wrench
llave de impacto, impact wrench

llave de perro, pipe wrench

llave de torsión, torque wrench

losa, slab

losa sobre el suelo, slab on grade

losetas de corcho, cork tiles

lujoso, luxurious

luz de seguridad, safety light

luz delantera, headlight

M

macizos de anclaje, anchor blocks
madera, lumber
madera, wood
madera acanalada, coulisse
madera armada, armored wood
madera blanda, softwood
madera cepillada, dressed lumber
madera contrachapada revestida, faced plywood
madera de derribo, old wood
madera de primavera, springwood
madera dura, hardwood
madera en tablones, plain-sawed wood
madera laminada, laminated wood
madera laminada, plywood

madera prensada, hardboard

madera seca, dry lumber

madera secada al aire, air dried lumber

madera verde, green lumber

malla, mesh

malla metálica, lath

malla protectora, enclosing-screen

mampara, bulkhead

mampara, stall door

mancha, stain

manguera, hose

manguera de abastecimiento, supply hose

manguera de boca descubierta, open end hose

manguito de conducto, conduit bushing

manguito de dilatación, expansion sleeve

manguito roscado, nipple

mantel, insulation blanket

mantenimiento, maintenance

maqueta, model

máquina, machine

maquina con movimiento en dos direcciones, bi-directional machine

marco, casing

marco, frame

Construction Definitions and Meanings in English and Spanish

marco de aluminio, aluminum frame

marco de la puerta, door frame

marco de ventana, sash

margen, clearance

margen de seguridad, clearance distance

mármol, marble

mármol artificial, artificial marble

marmolado, marbling

martillo, hammer

martillo neumático, jack hammer

martillo neumático remachador, pneumatic riveting hammer

martillo rompe-concreto, concrete breaker

martinete, gin pole

masa térmica, thermal mass

máscara, face mask

máscara antigás, gas mask

máscara para el polvo, dust mask

máscara respiradora, respirator mask

mascarilla, half mask

masilla de calafatear, caulking compound

masilla de carpintero, water putty

masilla de cristalero, glazier´s putty

masilla de pintor, painter´s putty

mastique para enlucidos de yeso, putty in plastering

mastiques, mastics

material, material

material absorbente, dope

material acústico, acoustical material

material corrugado, corrugated material

material de relleno, filler

material ondulado, corrugated material

material para junta de dilatación, expansion strip

material que contiene asbesto, asbestos containing material

material que se presume contiene asbesto, presumed asbestos containing material(PACM)

máxima superficie de construcción, max building footprint

máxima superficie del sitio, max site coverage

mecánico, mechanic

mecanismo de combustión interna, internal burning medium

mecanismo de desenganche, release mechanism

mecha, fuse (explosive)

medidor de niveles de sonido, sound level meter

metal, metal

metal corrugado, corrugated metal

metal de relleno, filler metal

método de fijación con mortero, back butter

método en mojado, wet method

metro, meter

Construction Definitions and Meanings in English and Spanish

mezcladora / hormigonera estacionaria, stationary mixer

mezcladora basculante, tilting mixer

mezcladora de mortero, mortar mixer

mezcladora de mortero de yeso, plaster mortar mixer

mezcladora para concreto, concrete mixer

mezcladora sobre camión, truck mixer

mezcladoras instantáneas de barro y resinas, jiffy mud and resin mixers

microhormigón, micro-concrete

mingitorios, urinals

minicargadora, uniloader

mini-excavadoras, mini-excavator

mobiliario, furniture

modificada en el campo de trabajo, field modified

modo de salida, means of egress

moldaje, formwork

molde, form

molde de deslizamiento vertical, vertical slip form

molde de metal, metal form

molde para concreto, concrete form

moldeado, molded

moldura, molding

moldura de goterón, drip mold

moldura denticulada, dentil band

molduras, edge forms

montacargas, forklift

montacargas, lift truck

montacargas voladizo para trabajadores, cantilever type personnel hoist

montón de material excavado, spoil pile

monumento, monument

mortero/argamasa, mortar

motor, engine

motor, motor

movimiento de tierra, earth work

muestra gruesa, bulk sample

múltiple/distribuidor, manifold

muro, wall

muro de carga, load bearing wall

muro de contención, retaining wall

N

nivel, level
nivel bajo de oxígeno, oxygen deficient
nivel freático, ground water table
nivel máximo de presión de sonido, peak sound pressure level
niveladora, grader
niveladora / aplanadora, land plane / steamroller
no conductor de electricidad, non-conductive

O

obra, construction site

operación de ensamblaje, framing operation

orificio/hueco, hole

oruga de bastidor largo, long track crawler

óxido, rust

óxido de hierro, mill scale

oxígeno, oxygen

P

pala, shovel

pala mecánica, power shovel

pala retro-excavadora, backhoe

palacio, palace

palanca, lever

palometa de gato, pump jack bracket

panel acústico, acoustical board

panel de control, control panel

panel solar, solar panel

paneles de techo, ceiling tiles

parachoques/defensa, bumper

parallamas, flash-arresting screen

parte conductora de corriente, current-carrying part

parte viva, live part

partícula volátil, flying

pasador ahusado, drift pin

pasador de acoplamiento, coupling pin

pasador de apilar, stacking pin

pasamano, grab rail

pasamano, handrail

pasillo, passageway

paso para la fauna, fauna passage

pasta de cemento, cement paste

pata, leg

patrón, pattern

peldaño, cleat

peldaño, rung

pendiente, slop

peraltes, front of steps

perchas para tubos, pipe hangers

pérdida de tierra, ground fault

perforadora direccional horizontal, horizontal directional driller

perforadora eléctrica, power drill

perilla, doorknob

perilla, knob

periodo de amortización, payback period

permeabilidad, permeability

permiso de construcción, building permit

Construction Definitions and Meanings in English and Spanish

perno, field bolt

pernos de anclaje, anchor bolts

pernos roscados, machine bolts

persona calificada, qualified person

personalizado de lujo, high-end custom

pesado, heavy

pestaña, flange

pestillo, catch

pestillo de seguridad, safety latch

pico, peak

piedra caliza, limestone

piedra de afilar, grindstone

piedra de construcción, building stone

piedra de esmeril y herramienta abrasiva, abrasive wheel and tool

piedra estable, stable rock

pieza de anclaje, anchorage member

pieza de apoyo, supporting member

piezas especiales de plástico, plastic tile

pilotaje, piling

pilote de grava, gravel pile

pintura, paint

pintura para cubiertas, deck paint

piso, flooring

pisos prefabricados, lift slab construction
pistola de aire, air gun
pizarra, slate
placa, plate
placa de anclaje, anchor plates
placa de asiento (vigas), bearing plate
placa de carga, load plate
placa de soporte, base plate
placa en T, T plate
placa para puerta, doorplate
plafón, ceiling panel
plan de apuntalamiento, shoring layout
plan maestro, master plan
plancha, long strip
plancha de metal, metal plate
planeación urbana, urban planning
plano, plan
planos, blueprints
planta, Floor/level
planta, plant
planta compresora, compressor plant
plástico reforzado con fibra de vidrio, fiberglass reinforced plastic
plásticos, plastics
platabanda, cover plate

Construction Definitions and Meanings in English and Spanish

plataforma, deck

plataforma, platform

plataforma de carga, landing

plataforma de descanso, landing platform

plataforma de detención, catch platform

plataforma de escalera, ladder-type platform

plataforma de extensión, extension platform

plataforma de metal para trabajos livianos, light metal type platform

plataforma de trabajo, working deck

plataforma de trabajo elevadiza, elevating work platform

plomería, plumbing

plomo, lead

poliestireno, polystyrene

polvo, dust

polvo nocivo, harmful dust

porta-electrodos, electrode holders

porta-neumáticos, tire rack

poste, pole

pozo de registro, manhole

prefabricar, prefabricate

presión, pressure

pretil, overhang

primeros auxilios, first aid

programa para asegurar la conexión a tierra del equipo, assured equipment grounding conductor program

propano, propane

protección contra caídas, fall protection

protección contra objetos en caída, falling object protection

protección contra sobrecorriente, over-current protection

protección para pie, foot protection

protector del aislamiento, insulation shielding

protector deslizable para zanja, sliding trench shield

protegido, guarded

proveedor, supplier

prueba de caída por impacto, impact loading test

prueba de sonido por percusión, ring test

prueba de terreno, soil test

prueba manual, manual test

puente, ledger

puente eléctrico, bonding jumper

puente voladizo, outrigger ledger

puerta, door

puerta con hueco aislante, hollow core door

puerta corredera, pocket door

puerta corrediza, sliding door

puertas corredizas, sliding doors

puertas plegadizas, accordion doors

Construction Definitions and Meanings in English and Spanish

puesto a tierra, ground support

pulidora, grinder

pulidora angular, angle grinder

pulidora vertical, vertical

puntal, boom

punto de apoyo, fulcrum point

punto de inflamación, flashpoint

punto sobresaliente, landmark

Q

químico, chemical

R

radiador por convección, convector radiator
radio de recorrido, swing radius
rascacielos, skyscraper
reactancia acústica, acoustic reactance
receptáculo, socket
recipiente a presión, pressure vessel
recipiente de procesamiento, process vessel
recubrimiento de cielorraso acústico, acoustical ceiling coating
red, net
red de seguridad, safety net
reforzamiento, bracing
reforzamiento transversal, cross bracing
refrigeración natural, natural cooling
refuerzo diagonal, diagonal bracing

regadera/ducha, shower

registro, cleanout

reglamentaciones sobre protección térmica, heat protection regulations

rejilla, grid

relleno, fill

relleno suelto, loose fill

remache, rivet

remoción, removal

remoción de riesgo, abatement

remolque, hauling

resguardo superior, overhead protection

residuos de derribo de la construcción, construction waste

resistencia, resistance

resistencia a tierra, ground resistance

resistencia térmica, thermal resistance

respirador, respirator

 respirador con boquilla, mouthpiece respirator

respirador con boquilla purificadora de aire, air-purifying mouthpiece respirator

respirador con línea de aire, air line respirator

respirador con máscara completa purificadora de aire, air-purifying full facepiece respirator

respirador con mascarilla purificadora del aire, air-purifying half-mask respirator

retención de vientos, guying

Construction Definitions and Meanings in English and Spanish

retorno a tierra, ground return

retroceso de la llama, flash-back

revestimientos de la zanja, sheeting

riel largo soldado, long welded rail

rieles, railing

riesgo de caída, fall hazard

riesgo de objetos salientes, projection hazard

rondana / arandela, washer

rondana / arandela achaflanada, bevel washer

rondana / arandela para cerradura de husillo, cylinder ring

rotulación, marking

rueda dentada, sprocket

rueda dentada de cadena, chain sprocket

ruido, noise

ruido interrumpido, impulsive noise

ruido por impacto, impact noise

ruptura térmica, thermal break

S

sala de estar, living room

salpicadero, back splash

salvar, rescue

seguros con traba, locking dogs

sierra caladora, jigsaw

sierra circular, circular saw

sierra de cadena, chain saw

sierra para concreto, concrete saw

sílice, silica

sin energía, de-energized

sistema colector, collecting system

sistema de ángulo de inclinación, sloping system

sistema de apoyo, supporting systems

sistema de barandas, guardrail system

Construction Definitions and Meanings in English and Spanish

sistema de calefacción y enfriamiento, heating and cooling system

sistema de detención de caídas, fall arrest system

sistema de extracción, exhaust system

sistema de prevención de caídas, fall restraint system

sistema de protección contra caídas, fall protection system

sistema de recuperación, retrieval system

sistema de ventilación nocturna, night-time ventilation system

sistema para bombeo de concreto, pumpcrete system

sistema pasivo de refrigeración, passive cooling system

sistemas de protección, protective systems

sistemas de recuperación de calor, heat recovery systems

sobrecorriente, overcurrent

soga trenzada, braided rope

soldadura, solder

soldadura por arco con electrodos de carbón, carbon-arc welding

soldadura por arco eléctrico, arc welding

soldadura por arco metálico en gas inerte, inert-gas metal-arc welding

soldadura por arco metálico protegido, shielded metal - arc welding

soldadura por arco protegido por gas, gas-shielded arc welding

soldadura por llama de gas, gas welding

soldadura por punto, spot welding

sombrero, hat

soplete oxiacetilénico, oxyacetylene torch

soporte, bearer

soporte, bracket

soporte de techo, roofing bracket

soporte hemisférico, hemispherical bearing

suelo, soil

suelo inestable, unstable soil

suspendido en el aire, airborne

sustancia cáustica, caustic

T

tabla, plank

tablón con listones, chicken ladder

tacha de cobre, copper clout nail

taladro mecánico manual, hand-held powered drill

tambor elevador, hoisting drum

tanque de galvanización, galvanizing tank

tanque recipiente de aire con alarma, air storage receiver with alarm

tapa, lid

tapones de oídos, ear plugs

tarima, pallet

techo, roof

tejidos, fabrics

templo, temple

tendido, stringing

tensión por tracción, pulling tension

terminal de línea eléctrica, dead-end point

terraplén, bank

terraza, terrace

terreno blando, soft material

terreno inestable, unstable material

tierra, ground

tipo de suelo, soil type

tipo tres alambres, three-wire type

tirador de cajón, drawer pull

tirador de puerta, door pull

tiro, stack effect

toldos para terraza, porch canopies

toma de fuerza, power take off (PTO)

tomacorriente, outlet

tomacorriente de receptáculo, receptacle outlet

tope de puerta, door stop

tornillo, screw

tornillo Allen, Allen screw

tornillo de las terminales, terminal screw

tornillos de acero inoxidable para madera, headed waxed woodscrews

torno de izar, overhead hoist

torre, tower

Construction Definitions and Meanings in English and Spanish

torre de suministro de agua, standpipe

torre del montacargas, hoist tower

torsión, torque

trabajador de plafón, ceiling worker

trabes, main beams

tractor, tractor

tractor con pala mecánica, bulldozer

tractor de oruga, caterpillar

tractor de oruga, crawler tractor

tractor de orugas, crawler dozer

tragaluz, skylight

tramo de la cerca, fence run

tramo descendente, down leg

trampa, trap-door

transformador, transformer

transmisión, power shift

transmisión y distribución de energía, power transmission and distribution

transportador, conveyor

transportador de frente, face conveyor

tratamiento anti-moho, mold-proofing

trazo, layout

trenza, lay

tronco, log

tubería, pipes

tubo, pipe

tubo de drenaje, drainpipe

tubo de extracción, exhaust pipe

tubo inyector, jet pipe

tuerca, nut

U

unidades de serpentín y ventilador, fan coil units

uniforme, uniform

unión a media madera, end lap joint

unir/ensamblar, abut

V

vacío, vacuum
vallado, fence line
válvula de cierre, shutoff value
válvula de purga superior, high bleed valve
válvula del cilindro, cylinder valve
varilla de soporte, backing rod
vástago de la válvula, valve stem
vehículo de motor, motor vehicle
velocidad de disparo del regulador, governor tripping speed
ventana de cabina, cab window
ventana de guillotina doble, double hung window
ventilación, vent
ventilación por extracción local de aire, local exhaust ventilation
vertedero, landfill

Construction Definitions and Meanings in English and Spanish

vestimenta conductora de electricidad, conductive clothing

vía, track

vibrador para concreto, concrete vibrator

vidrio, glass

viga, beam/girder

viga de espiga, needle beam

viga del plafón, ceiling beam

viga en voladizo, cantilever

viga metálica, metal truss

viga transversal, cross beam

viga voladiza, outrigger beam

vigueta, rafter

vigueta de acero, steel joist

vigueta de acero con alma abierta, open web steel joist

viguetas de techo, ceiling joists

viguetas voladizas, cantilever joists

vinilo, vinyl

vivo, alive

voladizo, cantilevered

voltaje, voltage

voltaje de un circuito conectado a tierra de manera efectiva, effectively grounded circuit voltage

voltaje inducido, induced voltage

vulcanizado, vulcanized

Y

yeso, plaster

yuxtaposición, juxtaposition

Z

zancos, stilts
zanja, trench
zanjadora, ditch digger
zanjadora, trencher
zapata, footing
zoclo, baseboard
zona controlada durante instalación de cubierta, controlled decking zone
zona de acceso controlado, controlled access zone
zona verde, green belt
zonificación, zoning